Mes

mots

de

passe

Site: --
Nom utilisateur: --
Mot de passe: --
E-mail: ----------------------------@--------------------------
Notes: ---

Site: --
Nom utilisateur: --
Mot de passe: --
E-mail: ----------------------------@--------------------------
Notes: ---

Site: --
Nom utilisateur: --
Mot de passe: --
E-mail: ----------------------------@--------------------------
Notes: ---

Site: --
Nom utilisateur: --
Mot de passe: --
E-mail: ----------------------------@--------------------------
Notes: ---

Site: --
Nom utilisateur: --
Mot de passe: --
E-mail: -----------------------------@--------------------------
Notes: --

Site: --
Nom utilisateur: --
Mot de passe: --
E-mail: -----------------------------@--------------------------
Notes: --

Site: --
Nom utilisateur: --
Mot de passe: --
E-mail: -----------------------------@--------------------------
Notes: --

Site: --
Nom utilisateur: --
Mot de passe: --
E-mail: -----------------------------@--------------------------
Notes: --

Site: --

Nom utilisateur: --

Mot de passe: --

E-mail: -------------------------------@---------------------

Notes: ---

Site: --

Nom utilisateur: --

Mot de passe: --

E-mail: -------------------------------@---------------------

Notes: ---

Site: --

Nom utilisateur: --

Mot de passe: --

E-mail: -------------------------------@---------------------

Notes: ---

Site: --

Nom utilisateur: --

Mot de passe: --

E-mail: -------------------------------@---------------------

Notes: ---

Site: --
Nom utilisateur: --------------------------------
Mot de passe: -----------------------------------
E-mail: -------------------------@----------------
Notes: --

Site: --
Nom utilisateur: --------------------------------
Mot de passe: -----------------------------------
E-mail: -------------------------@----------------
Notes: --

Site: --
Nom utilisateur: --------------------------------
Mot de passe: -----------------------------------
E-mail: -------------------------@----------------
Notes: --

Site: --
Nom utilisateur: --------------------------------
Mot de passe: -----------------------------------
E-mail: -------------------------@----------------
Notes: --

Site: --
Nom utilisateur: --
Mot de passe: ---
E-mail: --------------------------@----------------------------
Notes: --

Site: --
Nom utilisateur: --
Mot de passe: ---
E-mail: --------------------------@----------------------------
Notes: --

Site: --
Nom utilisateur: --
Mot de passe: ---
E-mail: --------------------------@----------------------------
Notes: --

Site: --
Nom utilisateur: --
Mot de passe: ---
E-mail: --------------------------@----------------------------
Notes: --

Site: --

Nom utilisateur: ---------------------------------

Mot de passe: ------------------------------------

E-mail: ---------------------------@----------------

Notes: --

Site: --

Nom utilisateur: ---------------------------------

Mot de passe: ------------------------------------

E-mail: ---------------------------@----------------

Notes: --

Site: --

Nom utilisateur: ---------------------------------

Mot de passe: ------------------------------------

E-mail: ---------------------------@----------------

Notes: --

Site: --

Nom utilisateur: ---------------------------------

Mot de passe: ------------------------------------

E-mail: ---------------------------@----------------

Notes: --

Site: --

Nom utilisateur: ----------------------------

Mot de passe: -------------------------------

E-mail: -----------------------@-------------

Notes: --------------------------------------

Site: --

Nom utilisateur: ----------------------------

Mot de passe: -------------------------------

E-mail: -----------------------@-------------

Notes: --------------------------------------

Site: --

Nom utilisateur: ----------------------------

Mot de passe: -------------------------------

E-mail: -----------------------@-------------

Notes: --------------------------------------

Site: --

Nom utilisateur: ----------------------------

Mot de passe: -------------------------------

E-mail: -----------------------@-------------

Notes: --------------------------------------

Site: --
Nom utilisateur: ----------------------------
Mot de passe: -------------------------------
E-mail: -------------------@----------------
Notes: --------------------------------------

Site: --
Nom utilisateur: ----------------------------
Mot de passe: -------------------------------
E-mail: -------------------@----------------
Notes: --------------------------------------

Site: --
Nom utilisateur: ----------------------------
Mot de passe: -------------------------------
E-mail: -------------------@----------------
Notes: --------------------------------------

Site: --
Nom utilisateur: ----------------------------
Mot de passe: -------------------------------
E-mail: -------------------@----------------
Notes: --------------------------------------

Site: --

Nom utilisateur: ---------------------------------

Mot de passe: -------------------------------------

E-mail: -------------------- @ ------------------

Notes: --

Site: --

Nom utilisateur: ---------------------------------

Mot de passe: -------------------------------------

E-mail: -------------------- @ ------------------

Notes: --

Site: --

Nom utilisateur: ---------------------------------

Mot de passe: -------------------------------------

E-mail: -------------------- @ ------------------

Notes: --

Site: --

Nom utilisateur: ---------------------------------

Mot de passe: -------------------------------------

E-mail: -------------------- @ ------------------

Notes: --

Site: --
Nom utilisateur: ------------------------------
Mot de passe: --------------------------------
E-mail: ------------------- @ -----------------
Notes: --------------------------------------

Site: --
Nom utilisateur: ------------------------------
Mot de passe: --------------------------------
E-mail: ------------------- @ -----------------
Notes: --------------------------------------

Site: --
Nom utilisateur: ------------------------------
Mot de passe: --------------------------------
E-mail: ------------------- @ -----------------
Notes: --------------------------------------

Site: --
Nom utilisateur: ------------------------------
Mot de passe: --------------------------------
E-mail: ------------------- @ -----------------
Notes: --------------------------------------

Site: --

Nom utilisateur: --------------------------

Mot de passe: ------------------------------

E-mail: ---------------------@-------------

Notes: ------------------------------------

Site: --

Nom utilisateur: --------------------------

Mot de passe: ------------------------------

E-mail: ---------------------@-------------

Notes: ------------------------------------

Site: --

Nom utilisateur: --------------------------

Mot de passe: ------------------------------

E-mail: ---------------------@-------------

Notes: ------------------------------------

Site: --

Nom utilisateur: --------------------------

Mot de passe: ------------------------------

E-mail: ---------------------@-------------

Notes: ------------------------------------

Site: --

Nom utilisateur: -------------------------------

Mot de passe: ---------------------------------

E-mail: -------------------------@-------------

Notes: ---------------------------------------

Site: --

Nom utilisateur: -------------------------------

Mot de passe: ---------------------------------

E-mail: -------------------------@-------------

Notes: ---------------------------------------

Site: --

Nom utilisateur: -------------------------------

Mot de passe: ---------------------------------

E-mail: -------------------------@-------------

Notes: ---------------------------------------

Site: --

Nom utilisateur: -------------------------------

Mot de passe: ---------------------------------

E-mail: -------------------------@-------------

Notes: ---------------------------------------

Site: --
Nom utilisateur: -------------------------------
Mot de passe: ----------------------------------
E-mail: -------------------------@-------------
Notes: ---

Site: --
Nom utilisateur: -------------------------------
Mot de passe: ----------------------------------
E-mail: -------------------------@-------------
Notes: ---

Site: --
Nom utilisateur: -------------------------------
Mot de passe: ----------------------------------
E-mail: -------------------------@-------------
Notes: ---

Site: --
Nom utilisateur: -------------------------------
Mot de passe: ----------------------------------
E-mail: -------------------------@-------------
Notes: ---

Site: --
Nom utilisateur: ----------------------------
Mot de passe: -------------------------------
E-mail: --------------------- @ -------------
Notes: --------------------------------------

Site: --
Nom utilisateur: ----------------------------
Mot de passe: -------------------------------
E-mail: --------------------- @ -------------
Notes: --------------------------------------

Site: --
Nom utilisateur: ----------------------------
Mot de passe: -------------------------------
E-mail: --------------------- @ -------------
Notes: --------------------------------------

Site: --
Nom utilisateur: ----------------------------
Mot de passe: -------------------------------
E-mail: --------------------- @ -------------
Notes: --------------------------------------

Site: --
Nom utilisateur: -------------------------
Mot de passe: ----------------------------
E-mail: ----------------------@----------
Notes: ------------------------------------

Site: --
Nom utilisateur: -------------------------
Mot de passe: ----------------------------
E-mail: ----------------------@----------
Notes: ------------------------------------

Site: --
Nom utilisateur: -------------------------
Mot de passe: ----------------------------
E-mail: ----------------------@----------
Notes: ------------------------------------

Site: --
Nom utilisateur: -------------------------
Mot de passe: ----------------------------
E-mail: ----------------------@----------
Notes: ------------------------------------

Site: _____

Nom utilisateur: _____

Mot de passe: _____

E-mail: _____@_____

Notes: _____

_____

Site: _____

Nom utilisateur: _____

Mot de passe: _____

E-mail: _____@_____

Notes: _____

_____

Site: _____

Nom utilisateur: _____

Mot de passe: _____

E-mail: _____@_____

Notes: _____

_____

Site: _____

Nom utilisateur: _____

Mot de passe: _____

E-mail: _____@_____

Notes: _____

_____

Site: --

Nom utilisateur: ----------------------------------

Mot de passe: -------------------------------------

E-mail: ----------------------------@----------------

Notes: --

Site: --

Nom utilisateur: ----------------------------------

Mot de passe: -------------------------------------

E-mail: ----------------------------@----------------

Notes: --

Site: --

Nom utilisateur: ----------------------------------

Mot de passe: -------------------------------------

E-mail: ----------------------------@----------------

Notes: --

Site: --

Nom utilisateur: ----------------------------------

Mot de passe: -------------------------------------

E-mail: ----------------------------@----------------

Notes: --

Site: --
Nom utilisateur: ------------------------------
Mot de passe: ---------------------------------
E-mail: ------------------------@-------------
Notes: --

Site: --
Nom utilisateur: ------------------------------
Mot de passe: ---------------------------------
E-mail: ------------------------@-------------
Notes: --

Site: --
Nom utilisateur: ------------------------------
Mot de passe: ---------------------------------
E-mail: ------------------------@-------------
Notes: --

Site: --
Nom utilisateur: ------------------------------
Mot de passe: ---------------------------------
E-mail: ------------------------@-------------
Notes: --

Site: --
Nom utilisateur: --
Mot de passe: --
E-mail: --------------------------------@--------------------------
Notes: ---

Site: --
Nom utilisateur: --
Mot de passe: --
E-mail: --------------------------------@--------------------------
Notes: ---

Site: --
Nom utilisateur: --
Mot de passe: --
E-mail: --------------------------------@--------------------------
Notes: ---

Site: --
Nom utilisateur: --
Mot de passe: --
E-mail: --------------------------------@--------------------------
Notes: ---

Site: --

Nom utilisateur: -------------------------------

Mot de passe: ----------------------------------

E-mail: ----------------------@----------------

Notes: ---

Site: --

Nom utilisateur: -------------------------------

Mot de passe: ----------------------------------

E-mail: ----------------------@----------------

Notes: ---

Site: --

Nom utilisateur: -------------------------------

Mot de passe: ----------------------------------

E-mail: ----------------------@----------------

Notes: ---

Site: --

Nom utilisateur: -------------------------------

Mot de passe: ----------------------------------

E-mail: ----------------------@----------------

Notes: ---

Site: --
Nom utilisateur: ---
Mot de passe: --
E-mail: ---------------------------------- @ ---------------------
Notes: ---

Site: --
Nom utilisateur: ---
Mot de passe: --
E-mail: ---------------------------------- @ ---------------------
Notes: ---

Site: --
Nom utilisateur: ---
Mot de passe: --
E-mail: ---------------------------------- @ ---------------------
Notes: ---

Site: --
Nom utilisateur: ---
Mot de passe: --
E-mail: ---------------------------------- @ ---------------------
Notes: ---

Site: --
Nom utilisateur: --
Mot de passe: ---
E-mail: ---------------------------- @ ------------------------------
Notes: --

Site: --
Nom utilisateur: --
Mot de passe: ---
E-mail: ---------------------------- @ ------------------------------
Notes: --

Site: --
Nom utilisateur: --
Mot de passe: ---
E-mail: ---------------------------- @ ------------------------------
Notes: --

Site: --
Nom utilisateur: --
Mot de passe: ---
E-mail: ---------------------------- @ ------------------------------
Notes: --

Site: --
Nom utilisateur: --------------------------
Mot de passe: -----------------------------
E-mail: ---------------------- @ -----------
Notes: ------------------------------------

Site: --
Nom utilisateur: --------------------------
Mot de passe: -----------------------------
E-mail: ---------------------- @ -----------
Notes: ------------------------------------

Site: --
Nom utilisateur: --------------------------
Mot de passe: -----------------------------
E-mail: ---------------------- @ -----------
Notes: ------------------------------------

Site: --
Nom utilisateur: --------------------------
Mot de passe: -----------------------------
E-mail: ---------------------- @ -----------
Notes: ------------------------------------

Site: ---
Nom utilisateur: --
Mot de passe: ---
E-mail: ------------------------@---------------------
Notes: --

Site: ---
Nom utilisateur: --
Mot de passe: ---
E-mail: ------------------------@---------------------
Notes: --

Site: ---
Nom utilisateur: --
Mot de passe: ---
E-mail: ------------------------@---------------------
Notes: --

Site: ---
Nom utilisateur: --
Mot de passe: ---
E-mail: ------------------------@---------------------
Notes: --

Site: --
Nom utilisateur: ------------------------
Mot de passe: ----------------------------
E-mail: ---------------------- @ ----------
Notes: -----------------------------------

Site: --
Nom utilisateur: ------------------------
Mot de passe: ----------------------------
E-mail: ---------------------- @ ----------
Notes: -----------------------------------

Site: --
Nom utilisateur: ------------------------
Mot de passe: ----------------------------
E-mail: ---------------------- @ ----------
Notes: -----------------------------------

Site: --
Nom utilisateur: ------------------------
Mot de passe: ----------------------------
E-mail: ---------------------- @ ----------
Notes: -----------------------------------

Site: --

Nom utilisateur: --

Mot de passe: --

E-mail: --------------------------------@------------------

Notes: --

Site: --

Nom utilisateur: --

Mot de passe: --

E-mail: --------------------------------@------------------

Notes: --

Site: --

Nom utilisateur: --

Mot de passe: --

E-mail: --------------------------------@------------------

Notes: --

Site: --

Nom utilisateur: --

Mot de passe: --

E-mail: --------------------------------@------------------

Notes: --

Site: --

Nom utilisateur: ----------------------------

Mot de passe: -------------------------------

E-mail: -------------------- @ --------------

Notes: --------------------------------------

Site: --

Nom utilisateur: ----------------------------

Mot de passe: -------------------------------

E-mail: -------------------- @ --------------

Notes: --------------------------------------

Site: --

Nom utilisateur: ----------------------------

Mot de passe: -------------------------------

E-mail: -------------------- @ --------------

Notes: --------------------------------------

Site: --

Nom utilisateur: ----------------------------

Mot de passe: -------------------------------

E-mail: -------------------- @ --------------

Notes: --------------------------------------

Site: --

Nom utilisateur: ------------------------------------

Mot de passe: --------------------------------------

E-mail: ---------------------------- @ ---------------

Notes: --

Site: --

Nom utilisateur: ------------------------------------

Mot de passe: --------------------------------------

E-mail: ---------------------------- @ ---------------

Notes: --

Site: --

Nom utilisateur: ------------------------------------

Mot de passe: --------------------------------------

E-mail: ---------------------------- @ ---------------

Notes: --

Site: --

Nom utilisateur: ------------------------------------

Mot de passe: --------------------------------------

E-mail: ---------------------------- @ ---------------

Notes: --

Site: --

Nom utilisateur: ------------------------------

Mot de passe: --------------------------------

E-mail: -------------------@---------------------

Notes: --

Site: --

Nom utilisateur: ------------------------------

Mot de passe: --------------------------------

E-mail: -------------------@---------------------

Notes: --

Site: --

Nom utilisateur: ------------------------------

Mot de passe: --------------------------------

E-mail: -------------------@---------------------

Notes: --

Site: --

Nom utilisateur: ------------------------------

Mot de passe: --------------------------------

E-mail: -------------------@---------------------

Notes: --

Site: --

Nom utilisateur: ---

Mot de passe: --

E-mail: -------------------------------- @ ----------------------

Notes: ---

Site: --

Nom utilisateur: ---

Mot de passe: --

E-mail: -------------------------------- @ ----------------------

Notes: ---

Site: --

Nom utilisateur: ---

Mot de passe: --

E-mail: -------------------------------- @ ----------------------

Notes: ---

Site: --

Nom utilisateur: ---

Mot de passe: --

E-mail: -------------------------------- @ ----------------------

Notes: ---

Site: --
Nom utilisateur: ---
Mot de passe: ---
E-mail: ----------------------------- @-------------------
Notes: --

Site: --
Nom utilisateur: ---
Mot de passe: ---
E-mail: ----------------------------- @-------------------
Notes: --

Site: --
Nom utilisateur: ---
Mot de passe: ---
E-mail: ----------------------------- @-------------------
Notes: --

Site: --
Nom utilisateur: ---
Mot de passe: ---
E-mail: ----------------------------- @-------------------
Notes: --

Site: --
Nom utilisateur: ---------------------------------------
Mot de passe: --
E-mail: ----------------------------@-------------------
Notes: --

Site: --
Nom utilisateur: ---------------------------------------
Mot de passe: --
E-mail: ----------------------------@-------------------
Notes: --

Site: --
Nom utilisateur: ---------------------------------------
Mot de passe: --
E-mail: ----------------------------@-------------------
Notes: --

Site: --
Nom utilisateur: ---------------------------------------
Mot de passe: --
E-mail: ----------------------------@-------------------
Notes: --

Site: --
Nom utilisateur: --
Mot de passe: --
E-mail: --------------------------------@---------------------
Notes: --

Site: --
Nom utilisateur: --
Mot de passe: --
E-mail: --------------------------------@---------------------
Notes: --

Site: --
Nom utilisateur: --
Mot de passe: --
E-mail: --------------------------------@---------------------
Notes: --

Site: --
Nom utilisateur: --
Mot de passe: --
E-mail: --------------------------------@---------------------
Notes: --

Site: --
Nom utilisateur: ----------------------------
Mot de passe: -------------------------------
E-mail: --------------------@----------------
Notes: --------------------------------------

Site: --
Nom utilisateur: ----------------------------
Mot de passe: -------------------------------
E-mail: --------------------@----------------
Notes: --------------------------------------

Site: --
Nom utilisateur: ----------------------------
Mot de passe: -------------------------------
E-mail: --------------------@----------------
Notes: --------------------------------------

Site: --
Nom utilisateur: ----------------------------
Mot de passe: -------------------------------
E-mail: --------------------@----------------
Notes: --------------------------------------

Site: --

Nom utilisateur: ----------------------------

Mot de passe: -------------------------------

E-mail: -----------------------@-------------

Notes: ------------------------------------

Site: --

Nom utilisateur: ----------------------------

Mot de passe: -------------------------------

E-mail: -----------------------@-------------

Notes: ------------------------------------

Site: --

Nom utilisateur: ----------------------------

Mot de passe: -------------------------------

E-mail: -----------------------@-------------

Notes: ------------------------------------

Site: --

Nom utilisateur: ----------------------------

Mot de passe: -------------------------------

E-mail: -----------------------@-------------

Notes: ------------------------------------

Site: _____

Nom utilisateur: _____

Mot de passe: _____

E-mail: _____@_____

Notes: _____

_____

Site: _____

Nom utilisateur: _____

Mot de passe: _____

E-mail: _____@_____

Notes: _____

_____

Site: _____

Nom utilisateur: _____

Mot de passe: _____

E-mail: _____@_____

Notes: _____

_____

Site: _____

Nom utilisateur: _____

Mot de passe: _____

E-mail: _____@_____

Notes: _____

_____

Site: --
Nom utilisateur: ----------------------------
Mot de passe: -------------------------------
E-mail: --------------------@---------------
Notes: --------------------------------------

Site: --
Nom utilisateur: ----------------------------
Mot de passe: -------------------------------
E-mail: --------------------@---------------
Notes: --------------------------------------

Site: --
Nom utilisateur: ----------------------------
Mot de passe: -------------------------------
E-mail: --------------------@---------------
Notes: --------------------------------------

Site: --
Nom utilisateur: ----------------------------
Mot de passe: -------------------------------
E-mail: --------------------@---------------
Notes: --------------------------------------

Site: _____
Nom utilisateur: _____
Mot de passe: _____
E-mail: _____@_____
Notes: _____
_____

Site: _____
Nom utilisateur: _____
Mot de passe: _____
E-mail: _____@_____
Notes: _____
_____

Site: _____
Nom utilisateur: _____
Mot de passe: _____
E-mail: _____@_____
Notes: _____
_____

Site: _____
Nom utilisateur: _____
Mot de passe: _____
E-mail: _____@_____
Notes: _____
_____

Site: --

Nom utilisateur: ---------------------------------

Mot de passe: -------------------------------------

E-mail: ------------------ @ ----------------------

Notes: ---

Site: --

Nom utilisateur: ---------------------------------

Mot de passe: -------------------------------------

E-mail: ------------------ @ ----------------------

Notes: ---

Site: --

Nom utilisateur: ---------------------------------

Mot de passe: -------------------------------------

E-mail: ------------------ @ ----------------------

Notes: ---

Site: --

Nom utilisateur: ---------------------------------

Mot de passe: -------------------------------------

E-mail: ------------------ @ ----------------------

Notes: ---

Site: --

Nom utilisateur: ------------------------------

Mot de passe: --------------------------------

E-mail: ---------------------@---------------

Notes: ---------------------------------------

Site: --

Nom utilisateur: ------------------------------

Mot de passe: --------------------------------

E-mail: ---------------------@---------------

Notes: ---------------------------------------

Site: --

Nom utilisateur: ------------------------------

Mot de passe: --------------------------------

E-mail: ---------------------@---------------

Notes: ---------------------------------------

Site: --

Nom utilisateur: ------------------------------

Mot de passe: --------------------------------

E-mail: ---------------------@---------------

Notes: ---------------------------------------

Site: --
Nom utilisateur: ------------------------------
Mot de passe: ---------------------------------
E-mail: -------------------@-------------------
Notes: --

Site: --
Nom utilisateur: ------------------------------
Mot de passe: ---------------------------------
E-mail: -------------------@-------------------
Notes: --

Site: --
Nom utilisateur: ------------------------------
Mot de passe: ---------------------------------
E-mail: -------------------@-------------------
Notes: --

Site: --
Nom utilisateur: ------------------------------
Mot de passe: ---------------------------------
E-mail: -------------------@-------------------
Notes: --

Site: _____
Nom utilisateur: _____
Mot de passe: _____
E-mail: _____@_____
Notes: _____
_____

Site: _____
Nom utilisateur: _____
Mot de passe: _____
E-mail: _____@_____
Notes: _____
_____

Site: _____
Nom utilisateur: _____
Mot de passe: _____
E-mail: _____@_____
Notes: _____
_____

Site: _____
Nom utilisateur: _____
Mot de passe: _____
E-mail: _____@_____
Notes: _____
_____

Site: -

Nom utilisateur: -

Mot de passe: -

E-mail: - @ - - - - - - - - - - - - - -

Notes: -

- -

Site: -

Nom utilisateur: -

Mot de passe: -

E-mail: - @ - - - - - - - - - - - - - -

Notes: -

- -

Site: -

Nom utilisateur: -

Mot de passe: -

E-mail: - @ - - - - - - - - - - - - - -

Notes: -

- -

Site: -

Nom utilisateur: -

Mot de passe: -

E-mail: - @ - - - - - - - - - - - - - -

Notes: -

- -

Site: --
Nom utilisateur: --------------------------------------
Mot de passe: ---
E-mail: ---------------------------@-------------------
Notes: --

Site: --
Nom utilisateur: --------------------------------------
Mot de passe: ---
E-mail: ---------------------------@-------------------
Notes: --

Site: --
Nom utilisateur: --------------------------------------
Mot de passe: ---
E-mail: ---------------------------@-------------------
Notes: --

Site: --
Nom utilisateur: --------------------------------------
Mot de passe: ---
E-mail: ---------------------------@-------------------
Notes: --

Site: --
Nom utilisateur: ----------------------------
Mot de passe: -------------------------------
E-mail: -------------------------@-----------
Notes: --------------------------------------

Site: --
Nom utilisateur: ----------------------------
Mot de passe: -------------------------------
E-mail: -------------------------@-----------
Notes: --------------------------------------

Site: --
Nom utilisateur: ----------------------------
Mot de passe: -------------------------------
E-mail: -------------------------@-----------
Notes: --------------------------------------

Site: --
Nom utilisateur: ----------------------------
Mot de passe: -------------------------------
E-mail: -------------------------@-----------
Notes: --------------------------------------

Site: --

Nom utilisateur: --

Mot de passe: --

E-mail: -------------------------------@-----------------------

Notes: --

Site: --

Nom utilisateur: --

Mot de passe: --

E-mail: -------------------------------@-----------------------

Notes: --

Site: --

Nom utilisateur: --

Mot de passe: --

E-mail: -------------------------------@-----------------------

Notes: --

Site: --

Nom utilisateur: --

Mot de passe: --

E-mail: -------------------------------@-----------------------

Notes: --

Site: --
Nom utilisateur: --
Mot de passe: --
E-mail: ----------------------------@------------------------
Notes: --

Site: --
Nom utilisateur: --
Mot de passe: --
E-mail: ----------------------------@------------------------
Notes: --

Site: --
Nom utilisateur: --
Mot de passe: --
E-mail: ----------------------------@------------------------
Notes: --

Site: --
Nom utilisateur: --
Mot de passe: --
E-mail: ----------------------------@------------------------
Notes: --

Site: --

Nom utilisateur: --

Mot de passe: --

E-mail: -----------------------------@-------------------------

Notes: --

Site: --

Nom utilisateur: --

Mot de passe: --

E-mail: -----------------------------@-------------------------

Notes: --

Site: --

Nom utilisateur: --

Mot de passe: --

E-mail: -----------------------------@-------------------------

Notes: --

Site: --

Nom utilisateur: --

Mot de passe: --

E-mail: -----------------------------@-------------------------

Notes: --

Site: --

Nom utilisateur: ---------------------------------

Mot de passe: -------------------------------------

E-mail: ------------------------ @ ----------------

Notes: --

Site: --

Nom utilisateur: ---------------------------------

Mot de passe: -------------------------------------

E-mail: ------------------------ @ ----------------

Notes: --

Site: --

Nom utilisateur: ---------------------------------

Mot de passe: -------------------------------------

E-mail: ------------------------ @ ----------------

Notes: --

Site: --

Nom utilisateur: ---------------------------------

Mot de passe: -------------------------------------

E-mail: ------------------------ @ ----------------

Notes: --

Site: _____

Nom utilisateur: _____

Mot de passe: _____

E-mail: _____ @ _____

Notes: _____

_____

Site: _____

Nom utilisateur: _____

Mot de passe: _____

E-mail: _____ @ _____

Notes: _____

_____

Site: _____

Nom utilisateur: _____

Mot de passe: _____

E-mail: _____ @ _____

Notes: _____

_____

Site: _____

Nom utilisateur: _____

Mot de passe: _____

E-mail: _____ @ _____

Notes: _____

_____

Site: _____

Nom utilisateur: _____

Mot de passe: _____

E-mail: _____ @ _____

Notes: _____

_____

Site: _____

Nom utilisateur: _____

Mot de passe: _____

E-mail: _____ @ _____

Notes: _____

_____

Site: _____

Nom utilisateur: _____

Mot de passe: _____

E-mail: _____ @ _____

Notes: _____

_____

Site: _____

Nom utilisateur: _____

Mot de passe: _____

E-mail: _____ @ _____

Notes: _____

_____

Site: --

Nom utilisateur: ----------------------------

Mot de passe: -------------------------------

E-mail: ----------------------@------------------

Notes: --------------------------------------

Site: --

Nom utilisateur: ----------------------------

Mot de passe: -------------------------------

E-mail: ----------------------@------------------

Notes: --------------------------------------

Site: --

Nom utilisateur: ----------------------------

Mot de passe: -------------------------------

E-mail: ----------------------@------------------

Notes: --------------------------------------

Site: --

Nom utilisateur: ----------------------------

Mot de passe: -------------------------------

E-mail: ----------------------@------------------

Notes: --------------------------------------

Site: _____
Nom utilisateur: _____
Mot de passe: _____
E-mail: _____ @ _____
Notes: _____

_____

Site: _____
Nom utilisateur: _____
Mot de passe: _____
E-mail: _____ @ _____
Notes: _____

_____

Site: _____
Nom utilisateur: _____
Mot de passe: _____
E-mail: _____ @ _____
Notes: _____

_____

Site: _____
Nom utilisateur: _____
Mot de passe: _____
E-mail: _____ @ _____
Notes: _____

_____

Site: _____

Nom utilisateur: _____

Mot de passe: _____

E-mail: _____@_____

Notes: _____

_____

Site: _____

Nom utilisateur: _____

Mot de passe: _____

E-mail: _____@_____

Notes: _____

_____

Site: _____

Nom utilisateur: _____

Mot de passe: _____

E-mail: _____@_____

Notes: _____

_____

Site: _____

Nom utilisateur: _____

Mot de passe: _____

E-mail: _____@_____

Notes: _____

_____

Site: ---

Nom utilisateur: --

Mot de passe: --

E-mail: ---------------------------- @ ------------------

Notes: --

Site: ---

Nom utilisateur: --

Mot de passe: --

E-mail: ---------------------------- @ ------------------

Notes: --

Site: ---

Nom utilisateur: --

Mot de passe: --

E-mail: ---------------------------- @ ------------------

Notes: --

Site: ---

Nom utilisateur: --

Mot de passe: --

E-mail: ---------------------------- @ ------------------

Notes: --

Site: --
Nom utilisateur: --
Mot de passe: --
E-mail: ------------------------------@----------------------
Notes: --

Site: --
Nom utilisateur: --
Mot de passe: --
E-mail: ------------------------------@----------------------
Notes: --

Site: --
Nom utilisateur: --
Mot de passe: --
E-mail: ------------------------------@----------------------
Notes: --

Site: --
Nom utilisateur: --
Mot de passe: --
E-mail: ------------------------------@----------------------
Notes: --

Site: --

Nom utilisateur: ------------------------

Mot de passe: ---------------------------

E-mail: ----------------------@----------

Notes: ------------------------------------

Site: --

Nom utilisateur: ------------------------

Mot de passe: ---------------------------

E-mail: ----------------------@----------

Notes: ------------------------------------

Site: --

Nom utilisateur: ------------------------

Mot de passe: ---------------------------

E-mail: ----------------------@----------

Notes: ------------------------------------

Site: --

Nom utilisateur: ------------------------

Mot de passe: ---------------------------

E-mail: ----------------------@----------

Notes: ------------------------------------

Site: _____
Nom utilisateur: _____
Mot de passe: _____
E-mail: _____@_____
Notes: _____
_____

Site: _____
Nom utilisateur: _____
Mot de passe: _____
E-mail: _____@_____
Notes: _____
_____

Site: _____
Nom utilisateur: _____
Mot de passe: _____
E-mail: _____@_____
Notes: _____
_____

Site: _____
Nom utilisateur: _____
Mot de passe: _____
E-mail: _____@_____
Notes: _____
_____

Site: --
Nom utilisateur: ----------------------------
Mot de passe: -------------------------------
E-mail: ------------------------@------------
Notes: --------------------------------------

Site: --
Nom utilisateur: ----------------------------
Mot de passe: -------------------------------
E-mail: ------------------------@------------
Notes: --------------------------------------

Site: --
Nom utilisateur: ----------------------------
Mot de passe: -------------------------------
E-mail: ------------------------@------------
Notes: --------------------------------------

Site: --
Nom utilisateur: ----------------------------
Mot de passe: -------------------------------
E-mail: ------------------------@------------
Notes: --------------------------------------

Site: --

Nom utilisateur: ----------------------------

Mot de passe: -------------------------------

E-mail: ----------------------- @ ------------

Notes: --------------------------------------

Site: --

Nom utilisateur: ----------------------------

Mot de passe: -------------------------------

E-mail: ----------------------- @ ------------

Notes: --------------------------------------

Site: --

Nom utilisateur: ----------------------------

Mot de passe: -------------------------------

E-mail: ----------------------- @ ------------

Notes: --------------------------------------

Site: --

Nom utilisateur: ----------------------------

Mot de passe: -------------------------------

E-mail: ----------------------- @ ------------

Notes: --------------------------------------

Site: --
Nom utilisateur: --
Mot de passe: ---
E-mail: ---------------------------@-------------------------
Notes: --

Site: --
Nom utilisateur: --
Mot de passe: ---
E-mail: ---------------------------@-------------------------
Notes: --

Site: --
Nom utilisateur: --
Mot de passe: ---
E-mail: ---------------------------@-------------------------
Notes: --

Site: --
Nom utilisateur: --
Mot de passe: ---
E-mail: ---------------------------@-------------------------
Notes: --

Site: --
Nom utilisateur: --------------------------
Mot de passe: ------------------------------
E-mail: ----------------------@------------
Notes: --------------------------------------

Site: --
Nom utilisateur: --------------------------
Mot de passe: ------------------------------
E-mail: ----------------------@------------
Notes: --------------------------------------

Site: --
Nom utilisateur: --------------------------
Mot de passe: ------------------------------
E-mail: ----------------------@------------
Notes: --------------------------------------

Site: --
Nom utilisateur: --------------------------
Mot de passe: ------------------------------
E-mail: ----------------------@------------
Notes: --------------------------------------

Site: --
Nom utilisateur: --
Mot de passe: ---
E-mail: ------------------------------@--------------------------
Notes: --

Site: --
Nom utilisateur: --
Mot de passe: ---
E-mail: ------------------------------@--------------------------
Notes: --

Site: --
Nom utilisateur: --
Mot de passe: ---
E-mail: ------------------------------@--------------------------
Notes: --

Site: --
Nom utilisateur: --
Mot de passe: ---
E-mail: ------------------------------@--------------------------
Notes: --

Site: _____

Nom utilisateur: _____

Mot de passe: _____

E-mail: _____@_____

Notes: _____

_____

Site: _____

Nom utilisateur: _____

Mot de passe: _____

E-mail: _____@_____

Notes: _____

_____

Site: _____

Nom utilisateur: _____

Mot de passe: _____

E-mail: _____@_____

Notes: _____

_____

Site: _____

Nom utilisateur: _____

Mot de passe: _____

E-mail: _____@_____

Notes: _____

_____

Site: --

Nom utilisateur: --------------------------------

Mot de passe: ------------------------------------

E-mail: --------------------@------------------

Notes: --

Site: --

Nom utilisateur: --------------------------------

Mot de passe: ------------------------------------

E-mail: --------------------@------------------

Notes: --

Site: --

Nom utilisateur: --------------------------------

Mot de passe: ------------------------------------

E-mail: --------------------@------------------

Notes: --

Site: --

Nom utilisateur: --------------------------------

Mot de passe: ------------------------------------

E-mail: --------------------@------------------

Notes: --

Site: --

Nom utilisateur: ---------------------------------

Mot de passe: -------------------------------------

E-mail: --------------------@---------------------

Notes: --

Site: --

Nom utilisateur: ---------------------------------

Mot de passe: -------------------------------------

E-mail: --------------------@---------------------

Notes: --

Site: --

Nom utilisateur: ---------------------------------

Mot de passe: -------------------------------------

E-mail: --------------------@---------------------

Notes: --

Site: --

Nom utilisateur: ---------------------------------

Mot de passe: -------------------------------------

E-mail: --------------------@---------------------

Notes: --

Site: --

Nom utilisateur: ----------------------------------

Mot de passe: -------------------------------------

E-mail: ---------------------@-------------------

Notes: --

Site: --

Nom utilisateur: ----------------------------------

Mot de passe: -------------------------------------

E-mail: ---------------------@-------------------

Notes: --

Site: --

Nom utilisateur: ----------------------------------

Mot de passe: -------------------------------------

E-mail: ---------------------@-------------------

Notes: --

Site: --

Nom utilisateur: ----------------------------------

Mot de passe: -------------------------------------

E-mail: ---------------------@-------------------

Notes: --

Site: --
Nom utilisateur: -----------------------------
Mot de passe: --------------------------------
E-mail: ----------------------@---------------
Notes: ---------------------------------------

Site: --
Nom utilisateur: -----------------------------
Mot de passe: --------------------------------
E-mail: ----------------------@---------------
Notes: ---------------------------------------

Site: --
Nom utilisateur: -----------------------------
Mot de passe: --------------------------------
E-mail: ----------------------@---------------
Notes: ---------------------------------------

Site: --
Nom utilisateur: -----------------------------
Mot de passe: --------------------------------
E-mail: ----------------------@---------------
Notes: ---------------------------------------

Site: ---

Nom utilisateur: --

Mot de passe: ---

E-mail: -------------------------------- @ ----------------------

Notes: ---

Site: ---

Nom utilisateur: --

Mot de passe: ---

E-mail: -------------------------------- @ ----------------------

Notes: ---

Site: ---

Nom utilisateur: --

Mot de passe: ---

E-mail: -------------------------------- @ ----------------------

Notes: ---

Site: ---

Nom utilisateur: --

Mot de passe: ---

E-mail: -------------------------------- @ ----------------------

Notes: ---

Site: _____
Nom utilisateur: _____
Mot de passe: _____
E-mail: _____@_____
Notes: _____
_____

Site: _____
Nom utilisateur: _____
Mot de passe: _____
E-mail: _____@_____
Notes: _____
_____

Site: _____
Nom utilisateur: _____
Mot de passe: _____
E-mail: _____@_____
Notes: _____
_____

Site: _____
Nom utilisateur: _____
Mot de passe: _____
E-mail: _____@_____
Notes: _____
_____

Site: --
Nom utilisateur: --------------------------------
Mot de passe: ------------------------------------
E-mail: ------------------------@----------------
Notes: --

Site: --
Nom utilisateur: --------------------------------
Mot de passe: ------------------------------------
E-mail: ------------------------@----------------
Notes: --

Site: --
Nom utilisateur: --------------------------------
Mot de passe: ------------------------------------
E-mail: ------------------------@----------------
Notes: --

Site: --
Nom utilisateur: --------------------------------
Mot de passe: ------------------------------------
E-mail: ------------------------@----------------
Notes: --

Site: --
Nom utilisateur: ----------------------------
Mot de passe: -------------------------------
E-mail: -------------------@----------------
Notes: --------------------------------------

Site: --
Nom utilisateur: ----------------------------
Mot de passe: -------------------------------
E-mail: -------------------@----------------
Notes: --------------------------------------

Site: --
Nom utilisateur: ----------------------------
Mot de passe: -------------------------------
E-mail: -------------------@----------------
Notes: --------------------------------------

Site: --
Nom utilisateur: ----------------------------
Mot de passe: -------------------------------
E-mail: -------------------@----------------
Notes: --------------------------------------

Site: _____

Nom utilisateur: _____

Mot de passe: _____

E-mail: _____@_____

Notes: _____

_____

Site: _____

Nom utilisateur: _____

Mot de passe: _____

E-mail: _____@_____

Notes: _____

_____

Site: _____

Nom utilisateur: _____

Mot de passe: _____

E-mail: _____@_____

Notes: _____

_____

Site: _____

Nom utilisateur: _____

Mot de passe: _____

E-mail: _____@_____

Notes: _____

_____

Site: --

Nom utilisateur: ----------------------------

Mot de passe: ------------------------------

E-mail: ------------------------@------------

Notes: -------------------------------------

Site: --

Nom utilisateur: ----------------------------

Mot de passe: ------------------------------

E-mail: ------------------------@------------

Notes: -------------------------------------

Site: --

Nom utilisateur: ----------------------------

Mot de passe: ------------------------------

E-mail: ------------------------@------------

Notes: -------------------------------------

Site: --

Nom utilisateur: ----------------------------

Mot de passe: ------------------------------

E-mail: ------------------------@------------

Notes: -------------------------------------

Site: --

Nom utilisateur: ------------------------------

Mot de passe: --------------------------------

E-mail: --------------------- @ ---------------

Notes: --

Site: --

Nom utilisateur: ------------------------------

Mot de passe: --------------------------------

E-mail: --------------------- @ ---------------

Notes: --

Site: --

Nom utilisateur: ------------------------------

Mot de passe: --------------------------------

E-mail: --------------------- @ ---------------

Notes: --

Site: --

Nom utilisateur: ------------------------------

Mot de passe: --------------------------------

E-mail: --------------------- @ ---------------

Notes: --

Site: --
Nom utilisateur: --------------------------------
Mot de passe: ----------------------------------
E-mail: ---------------------- @ -------------------
Notes: ---

Site: --
Nom utilisateur: --------------------------------
Mot de passe: ----------------------------------
E-mail: ---------------------- @ -------------------
Notes: ---

Site: --
Nom utilisateur: --------------------------------
Mot de passe: ----------------------------------
E-mail: ---------------------- @ -------------------
Notes: ---

Site: --
Nom utilisateur: --------------------------------
Mot de passe: ----------------------------------
E-mail: ---------------------- @ -------------------
Notes: ---

Site: --

Nom utilisateur: -----------------------------

Mot de passe: --------------------------------

E-mail: -----------------------------@------------

Notes: --

Site: --

Nom utilisateur: -----------------------------

Mot de passe: --------------------------------

E-mail: -----------------------------@------------

Notes: --

Site: --

Nom utilisateur: -----------------------------

Mot de passe: --------------------------------

E-mail: -----------------------------@------------

Notes: --

Site: --

Nom utilisateur: -----------------------------

Mot de passe: --------------------------------

E-mail: -----------------------------@------------

Notes: --

Site: --
Nom utilisateur: -----------------------------
Mot de passe: --------------------------------
E-mail: ---------------------@----------------
Notes: ---------------------------------------

Site: --
Nom utilisateur: -----------------------------
Mot de passe: --------------------------------
E-mail: ---------------------@----------------
Notes: ---------------------------------------

Site: --
Nom utilisateur: -----------------------------
Mot de passe: --------------------------------
E-mail: ---------------------@----------------
Notes: ---------------------------------------

Site: --
Nom utilisateur: -----------------------------
Mot de passe: --------------------------------
E-mail: ---------------------@----------------
Notes: ---------------------------------------

Site: --
Nom utilisateur: ----------------------------
Mot de passe: -------------------------------
E-mail: ------------------------@------------
Notes: --------------------------------------

Site: --
Nom utilisateur: ----------------------------
Mot de passe: -------------------------------
E-mail: ------------------------@------------
Notes: --------------------------------------

Site: --
Nom utilisateur: ----------------------------
Mot de passe: -------------------------------
E-mail: ------------------------@------------
Notes: --------------------------------------

Site: --
Nom utilisateur: ----------------------------
Mot de passe: -------------------------------
E-mail: ------------------------@------------
Notes: --------------------------------------

Site: --

Nom utilisateur: ----------------------------

Mot de passe: -------------------------------

E-mail: ------------------@-----------------

Notes: --------------------------------------

Site: --

Nom utilisateur: ----------------------------

Mot de passe: -------------------------------

E-mail: ------------------@-----------------

Notes: --------------------------------------

Site: --

Nom utilisateur: ----------------------------

Mot de passe: -------------------------------

E-mail: ------------------@-----------------

Notes: --------------------------------------

Site: --

Nom utilisateur: ----------------------------

Mot de passe: -------------------------------

E-mail: ------------------@-----------------

Notes: --------------------------------------

Site: --

Nom utilisateur: ----------------------------

Mot de passe: -------------------------------

E-mail: -------------------@----------------

Notes: --------------------------------------

Site: --

Nom utilisateur: ----------------------------

Mot de passe: -------------------------------

E-mail: -------------------@----------------

Notes: --------------------------------------

Site: --

Nom utilisateur: ----------------------------

Mot de passe: -------------------------------

E-mail: -------------------@----------------

Notes: --------------------------------------

Site: --

Nom utilisateur: ----------------------------

Mot de passe: -------------------------------

E-mail: -------------------@----------------

Notes: --------------------------------------

Site: ---------------------------------------
Nom utilisateur: -----------------------------
Mot de passe: --------------------------------
E-mail: ---------------------- @ -------------
Notes: ---------------------------------------

Site: ---------------------------------------
Nom utilisateur: -----------------------------
Mot de passe: --------------------------------
E-mail: ---------------------- @ -------------
Notes: ---------------------------------------

Site: ---------------------------------------
Nom utilisateur: -----------------------------
Mot de passe: --------------------------------
E-mail: ---------------------- @ -------------
Notes: ---------------------------------------

Site: ---------------------------------------
Nom utilisateur: -----------------------------
Mot de passe: --------------------------------
E-mail: ---------------------- @ -------------
Notes: ---------------------------------------

Site: --

Nom utilisateur: --

Mot de passe: --

E-mail: -----------------------------@-------------------------

Notes: --

Site: --

Nom utilisateur: --

Mot de passe: --

E-mail: -----------------------------@-------------------------

Notes: --

Site: --

Nom utilisateur: --

Mot de passe: --

E-mail: -----------------------------@-------------------------

Notes: --

Site: --

Nom utilisateur: --

Mot de passe: --

E-mail: -----------------------------@-------------------------

Notes: --

Site: ---

Nom utilisateur: -------------------------------

Mot de passe: ----------------------------------

E-mail: ------------------------@---------------

Notes: ---

Site: ---

Nom utilisateur: -------------------------------

Mot de passe: ----------------------------------

E-mail: ------------------------@---------------

Notes: ---

Site: ---

Nom utilisateur: -------------------------------

Mot de passe: ----------------------------------

E-mail: ------------------------@---------------

Notes: ---

Site: ---

Nom utilisateur: -------------------------------

Mot de passe: ----------------------------------

E-mail: ------------------------@---------------

Notes: ---

Site: --
Nom utilisateur: ----------------------------
Mot de passe: -------------------------------
E-mail: -------------------@-----------------
Notes: --------------------------------------

Site: --
Nom utilisateur: ----------------------------
Mot de passe: -------------------------------
E-mail: -------------------@-----------------
Notes: --------------------------------------

Site: --
Nom utilisateur: ----------------------------
Mot de passe: -------------------------------
E-mail: -------------------@-----------------
Notes: --------------------------------------

Site: --
Nom utilisateur: ----------------------------
Mot de passe: -------------------------------
E-mail: -------------------@-----------------
Notes: --------------------------------------

Site: --

Nom utilisateur: ----------------------------

Mot de passe: -------------------------------

E-mail: -----------------------@-------------

Notes: --------------------------------------

Site: --

Nom utilisateur: ----------------------------

Mot de passe: -------------------------------

E-mail: -----------------------@-------------

Notes: --------------------------------------

Site: --

Nom utilisateur: ----------------------------

Mot de passe: -------------------------------

E-mail: -----------------------@-------------

Notes: --------------------------------------

Site: --

Nom utilisateur: ----------------------------

Mot de passe: -------------------------------

E-mail: -----------------------@-------------

Notes: --------------------------------------

Site: ---
Nom utilisateur: ------------------------------
Mot de passe: ---------------------------------
E-mail: ------------------- @ ------------------
Notes: --

Site: ---
Nom utilisateur: ------------------------------
Mot de passe: ---------------------------------
E-mail: ------------------- @ ------------------
Notes: --

Site: ---
Nom utilisateur: ------------------------------
Mot de passe: ---------------------------------
E-mail: ------------------- @ ------------------
Notes: --

Site: ---
Nom utilisateur: ------------------------------
Mot de passe: ---------------------------------
E-mail: ------------------- @ ------------------
Notes: --

Site: --
Nom utilisateur: ------------------------------
Mot de passe: ---------------------------------
E-mail: -------------------------@------------
Notes: --

Site: --
Nom utilisateur: ------------------------------
Mot de passe: ---------------------------------
E-mail: -------------------------@------------
Notes: --

Site: --
Nom utilisateur: ------------------------------
Mot de passe: ---------------------------------
E-mail: -------------------------@------------
Notes: --

Site: --
Nom utilisateur: ------------------------------
Mot de passe: ---------------------------------
E-mail: -------------------------@------------
Notes: --

Site: --
Nom utilisateur: ----------------------------------
Mot de passe: -------------------------------------
E-mail: -------------------- @ --------------------
Notes: --

Site: --
Nom utilisateur: ----------------------------------
Mot de passe: -------------------------------------
E-mail: -------------------- @ --------------------
Notes: --

Site: --
Nom utilisateur: ----------------------------------
Mot de passe: -------------------------------------
E-mail: -------------------- @ --------------------
Notes: --

Site: --
Nom utilisateur: ----------------------------------
Mot de passe: -------------------------------------
E-mail: -------------------- @ --------------------
Notes: --

Site: --
Nom utilisateur: --
Mot de passe: ---
E-mail: --------------------------------@---------------------
Notes: ---

Site: --
Nom utilisateur: --
Mot de passe: ---
E-mail: --------------------------------@---------------------
Notes: ---

Site: --
Nom utilisateur: --
Mot de passe: ---
E-mail: --------------------------------@---------------------
Notes: ---

Site: --
Nom utilisateur: --
Mot de passe: ---
E-mail: --------------------------------@---------------------
Notes: ---

X-Y

Site: --
Nom utilisateur: --
Mot de passe: --
E-mail: ------------------------@------------------------------
Notes: --

Site: --
Nom utilisateur: --
Mot de passe: --
E-mail: ------------------------@------------------------------
Notes: --

Site: --
Nom utilisateur: --
Mot de passe: --
E-mail: ------------------------@------------------------------
Notes: --

Site: --
Nom utilisateur: --
Mot de passe: --
E-mail: ------------------------@------------------------------
Notes: --

Site: --
Nom utilisateur: ----------------------------
Mot de passe: -------------------------------
E-mail: -------------------------@----------
Notes: --------------------------------------

Site: --
Nom utilisateur: ----------------------------
Mot de passe: -------------------------------
E-mail: -------------------------@----------
Notes: --------------------------------------

Site: --
Nom utilisateur: ----------------------------
Mot de passe: -------------------------------
E-mail: -------------------------@----------
Notes: --------------------------------------

Site: --
Nom utilisateur: ----------------------------
Mot de passe: -------------------------------
E-mail: -------------------------@----------
Notes: --------------------------------------

Site: ---

Nom utilisateur: --

Mot de passe: ---

E-mail: -------------------------- @ -------------------

Notes: --

Site: ---

Nom utilisateur: --

Mot de passe: ---

E-mail: -------------------------- @ -------------------

Notes: --

Site: ---

Nom utilisateur: --

Mot de passe: ---

E-mail: -------------------------- @ -------------------

Notes: --

Site: ---

Nom utilisateur: --

Mot de passe: ---

E-mail: -------------------------- @ -------------------

Notes: --

Site: _____
Nom utilisateur: _____
Mot de passe: _____
E-mail: _____@_____
Notes: _____
_____

Site: _____
Nom utilisateur: _____
Mot de passe: _____
E-mail: _____@_____
Notes: _____
_____

Site: _____
Nom utilisateur: _____
Mot de passe: _____
E-mail: _____@_____
Notes: _____
_____

Site: _____
Nom utilisateur: _____
Mot de passe: _____
E-mail: _____@_____
Notes: _____
_____

Site: --
Nom utilisateur: --
Mot de passe: --
E-mail: ------------------------------@-------------------------
Notes: ---

Site: --
Nom utilisateur: --
Mot de passe: --
E-mail: ------------------------------@-------------------------
Notes: ---

Site: --
Nom utilisateur: --
Mot de passe: --
E-mail: ------------------------------@-------------------------
Notes: ---

Site: --
Nom utilisateur: --
Mot de passe: --
E-mail: ------------------------------@-------------------------
Notes: ---

Site: --

Nom utilisateur: --

Mot de passe: ---

E-mail: --------------------------@------------------------

Notes: ---

Site: --

Nom utilisateur: --

Mot de passe: ---

E-mail: --------------------------@------------------------

Notes: ---

Site: --

Nom utilisateur: --

Mot de passe: ---

E-mail: --------------------------@------------------------

Notes: ---

Site: --

Nom utilisateur: --

Mot de passe: ---

E-mail: --------------------------@------------------------

Notes: ---

1-9

Site: --

Nom utilisateur: ------------------------------

Mot de passe: --------------------------------

E-mail: ------------------------ @ -----------

Notes: --------------------------------------

Site: --

Nom utilisateur: ------------------------------

Mot de passe: --------------------------------

E-mail: ------------------------ @ -----------

Notes: --------------------------------------

Site: --

Nom utilisateur: ------------------------------

Mot de passe: --------------------------------

E-mail: ------------------------ @ -----------

Notes: --------------------------------------

Site: --

Nom utilisateur: ------------------------------

Mot de passe: --------------------------------

E-mail: ------------------------ @ -----------

Notes: --------------------------------------

1-9

Site: --

Nom utilisateur: ---

Mot de passe: --

E-mail: -------------------------@------------------------

Notes: ---

Site: --

Nom utilisateur: ---

Mot de passe: --

E-mail: -------------------------@------------------------

Notes: ---

Site: --

Nom utilisateur: ---

Mot de passe: --

E-mail: -------------------------@------------------------

Notes: ---

Site: --

Nom utilisateur: ---

Mot de passe: --

E-mail: -------------------------@------------------------

Notes: ---

Site: _____

Nom utilisateur: _____

Mot de passe: _____

E-mail: _____@_____

Notes: _____

Site: _____

Nom utilisateur: _____

Mot de passe: _____

E-mail: _____@_____

Notes: _____

Site: _____

Nom utilisateur: _____

Mot de passe: _____

E-mail: _____@_____

Notes: _____

Site: _____

Nom utilisateur: _____

Mot de passe: _____

E-mail: _____@_____

Notes: _____

---

www.ingramcontent.com/pod-product-compliance
Lightning Source LLC
LaVergne TN
LVHW051712050326
832903LV00032B/4160